Inversión en Criptomonedas para Principiantes:

Bitcoin, Ethereum y el Futuro del Dinero

Herman Vincent

Copyright © 2018 de Herman Vincent

Derechos Reservados.

Ninguna parte de este libro puede ser reproducida en cualquier forma sin permiso escrito del autor. Pasajes breves pueden ser citados solo para fines de revisión.

Declaración

Aunque al momento de la impresión, el autor y editor han hecho todo el esfuerzo posible para asegurarse que la información en este libro sea correcta, el autor y editor no asumen ninguna responsabilidad y quedan exentos de cualquier responsabilidad por perdida, dado o problema ocasionado por errores u omisiones, ya sea que tales errores u omisiones sean el resultado de negligencia, accidente o cualquier otra causa.

Este libro no es intencionado como un sustituto para la recomendación médica de doctores. El lector debe consultar un doctor regularmente en cuanto a los asuntos relacionados con su salud, y particularmente, con respecto a cualquier síntoma que pueda requerir diagnostico o atención médica.

Los puntos de vista expresados son únicamente del autor y no deben ser considerados como instrucciones ni ordenes de un experto. El lector es responsable por sus propias acciones.

La adhesión a todas las leyes y regulaciones aplicables, incluyendo internacionales, federales, estatales y de gobierno de licencia profesional local, las prácticas comerciales, la publicidad y todos los demás aspectos de hacer negocios en los Estados Unidos, Canadá, o cualquier otra jurisdicción, es responsabilidad exclusiva del comprador o lector.

Ni el autor ni la casa editorial asumen ninguna responsabilidad u obligación legal alguna en nombre del comprador o lector de este material.

Cualquier percepción de alguna ofensa a cualquier individuo u organización es completamente no intencionada.

Tabla De Contenidos

Prefacio

Introducción

Capítulo 1: ¿Qué Son Las Criptomonedas?

Capítulo 2: Tipos De Criptomonedas Disponibles

Capítulo 3: Cómo Abrir Una Cuenta Para Invertir

Capítulo 4: Estrategias De Inversión

Capítulo 5: Cómo Recolectar Más Bitcoins

Capítulo 6: ¿Por Qué Comprar Criptomonedas?

Capítulo 7: ¿Existen Desventajas?

Capítulo 8: El Futuro De Las Criptomonedas

Prefacio

Antes de que comience a leer lo que podría cambiar su vida y la de su familia, sólo quiero agradecerle por comprar este libro. Como autor, es un gran honor, y mi única esperanza es que encuentre la información y motivación que está buscando. Espero que su inversión de tiempo y dinero valgan la pena.

También quiero pedirle dos cosas sencillas, pero que son muy importantes para mí:
Si le gustó lo que leyó, por favor escriba una reseña honesta en Amazon. Vaya a la página del libro (donde lo compró), desplácese hacia abajo, hasta la sección de reseñas, y escriba qué pensó del libro y dele una calificación. Amazon jerarquiza los libros publicados en el sitio y las reseñas de los usuarios son una parte muy importante de este proceso, así que cualquier comentario que pueda dar importa, y si es positivo, ¡mucho mejor! Gracias.

Gracias una vez más, ¡y continúe para conocer más sobre las criptomonedas.

Introducción

El tema de las criptomonedas ha copado los titulares de los medios en estos últimos 6 meses, pero en realidad están entre nosotros desde hace algunos años.

Su surgimiento e irrupción como novedad en el mundo financiero se continuará observando en lo adelante, y sus aplicaciones se multiplicarán hasta convertirse en una tecnología de uso diario. Su implementación es indetenible por las razones que descubrirá en este libro.

De allí la necesidad de entenderlas, para aprovechar la etapa de adopción temprana y capitalizar en esta nueva ola. Hay muchas oportunidades para hacer dinero, pero como todo, es necesario primero entender el concepto y luego mirar las opciones, posibilidades y riesgos asociados.

Como siempre, usted debe hacer sus propias evaluaciones y buscar consejo de analistas especializados. No somos expertos ni estamos capacitados para dar consejo financiero, solo presentamos la información y las opciones del mercado. Ejercite su mejor juicio y busque asesoría antes de arriesgar su dinero.

Ahora veamos de qué se trata el tema de las criptomonedas. Hemos intentado reducir al mínimo los términos técnicos para hacer el texto accesible a todos. Esperamos haberlo logrado. Es súper interesante, ya lo verá.

Capítulo 1: ¿Qué Son Las Criptomonedas?

Bienvenido a Inversión en Criptomonedas para Principiantes. Seguro siente curiosidad sobre la llamada "moneda del futuro". Pues, ¡felicitaciones! Ha venido al libro correcto y lo felicito por tomar acción al leerlo mientras el futuro de las criptomonedas brilla frente a usted.

Este libro está dividido en 8 capítulos que explican aspectos indispensables de esta moneda digital, así como secretos para manejarla.

Le prometo que, al finalizar este libro, sabrá más de criptomonedas que la mayoría de la gente y, ¡podrá impulsar su propio portafolio de criptomonedas cuando haya terminado de leerlo!

En este capítulo tocaremos 5 temas:

1. ¿Qué son las criptomonedas?

2. ¿Cómo funcionan?

3. ¿Cómo se determina su valor?

4. ¿Para qué se usan?

5. ¿Por qué criptomonedas?

¿Qué son las criptomonedas?

Ésta es una de las preguntas más frecuentes.

En pocas palabras, las criptomonedas son dinero digital cuyas transacciones se hacen vía Internet. Es un medio de intercambio como cualquier otra moneda, como el dólar estadounidense, pero que está diseñado para el propósito de intercambiar información digital a través de un proceso conocido como criptografía.

La primera criptomoneda exitosa surgió de la invención de Bitcoin por parte de Satoshi Nakamoto. A esto siguió el nacimiento de otras criptomonedas que serían su competencia.

¿Cómo funcionan?

Las criptomonedas son tan demandadas actualmente porque Satoshi Nakamoto encontró una manera de construir un sistema descentralizado de dinero.

¿Qué es un sistema descentralizado de dinero?

Que un sistema sea descentralizado significa que la red es operada por sus usuarios sin el control de terceros, una autoridad central o un intermediario. Ni el banco central ni el gobierno tienen poder sobre este sistema.

El problema de una red descentralizada en un sistema de pago es el denominado "doble gasto", que ocurre cuando una entidad gasta el mismo monto dos veces. Por ejemplo, cuando compra cosas en línea, debe pagar tasas de transacción innecesarias y costosas, incurriendo en un doble gasto.

Usualmente, esto es administrado por un servidor central que hace seguimiento de sus saldos y se conoce como una Cadena de bloques (Tecnología Blockchain).

La criptomoneda es un derivado del término "criptografía", que se refiere al proceso que conserva información, y que está protegido por criptografía fuerte.

Las cadenas de bloques administran y mantienen un conjunto de bloques de datos a través de una red descentralizada conocida como P2P (Peer to Peer, en inglés). Cuando un fragmento de datos es introducido en una cadena de bloques, no puede ser modificado o reemplazado.

En términos más simples, permite enviar una moneda de oro por correo electrónico. La P2P es una red de consensos que permite un nuevo sistema de pago y transacciones del nuevo dinero digital.

Veamos un ejemplo. Una criptomoneda como Bitcoin consiste en su propia red de pares o usuarios. Cada par tiene un registro del historial completo de todas las transacciones y saldos de cada cuenta.

Al finalizar y confirmar cada transacción, ésta se transmite casi inmediatamente por toda la red de pares. Una transacción es el proceso en el que A le da X Bitcoins a B, y A firma el pago con su propia clave privada. Después de ser firmada, la cesión es transmitida en la red. La información es enviada de un par a otro.

La confirmación es un aspecto crítico en el sistema de criptomonedas. Lo es todo. Cuando una transacción no se confirma, es vulnerable a ser hackeada o falsificada.

Cuando sí se confirma, es como si estuviera tallada en piedra. No se puede revertir, es imposible de hackear y no es falsificable porque es parte de un registro permanente: la cadena de bloques.

Esta cadena es comparable a un libro de contabilidad en el que todas las transacciones están registradas y son visibles a la red entera.

Esto evidencia que las criptomonedas no están protegidas por personas o la confianza entre ellas, sino por ecuaciones matemáticas complejas. Es muy segura y es altamente improbable que la dirección de una moneda se comprometa.

Solo los mineros pueden confirmar una transacción. Éste es su papel en la red: registran transacciones, las verifican y dispersan la información correspondiente en la red.

Por cada transacción efectuada que sea monitoreada y facilitada por los mineros, estos son recompensados con una ficha de la moneda correspondiente. Con Bitcoins, por ejemplo.

Ya que los mineros tienen un rol importante en el sistema de criptomonedas, analicemos su papel con más detalle.

¿Qué hacen los mineros?

En primer lugar, cualquier usuario puede ser un minero. Son necesarios porque en una red descentralizada en la que no existe autoridad para delegar tareas, se necesita algún tipo de sistema que prevenga un abuso de la red. Por ejemplo, alguien podría crear miles de pares y difundir transacciones falsificadas. Desequilibraría el sistema inmediatamente.

Para poder ser un minero, el usuario debe resolver un rompecabezas criptológico, que es un conjunto de preguntas matemáticas muy complejas formuladas por Satoshi Nakamoto. Si lo logra resolver, será un minero y podrá crear un bloque de datos para añadirlo a la cadena de bloques.

El minero también tiene autorización para añadir transacciones al sistema, lo que automáticamente le otorga una cantidad específica de Bitcoins. Ésta es la única manera de generar Bitcoins válidas después de que el minero resuelva un rompecabezas criptológico, cuya dificultad aumenta con la cantidad de poder de procesamiento que invierta el minero en la verificación de una transacción.

¿Cómo se determina el valor de las criptomonedas?

Éste depende de un mercado en el que los precios de varias criptomonedas fluctúan mucho; uno de los mercados más volátiles hasta la fecha.

El precio de las criptomonedas, como de cualquier otro producto, depende de la oferta y la demanda. Si más personas demandan cierta moneda y su oferta es baja, su valor aumenta. Más unidades son producidas por los mineros para equilibrar el flujo, pero la mayoría de las monedas limitan la oferta de sus fichas.

Por ejemplo, la cantidad total de Bitcoins emitidas es de 21 millones. Por lo tanto, su oferta disminuirá con el tiempo y alcanzará su límite en el año 2140. Esto también explica por qué el valor de Bitcoin es más alto que los de las otras criptomonedas.

¿Para qué se usan?

Las criptomonedas se pueden gastar de varias formas y la mejor parte es que ¡todas las transacciones se realizan a través de Internet! Hay 3 tipos de negocios que se pueden llevar a cabo con las criptomonedas:

1. Comercio de Bitcoins
2. Gastos personales
3. Crowdfunding

El comercio de Bitcoins puede ser muy lucrativo para profesionales y principiantes por igual. El mercado es nuevo, y el arbitraje y las negociaciones con margen están ampliamente disponibles. Además, la alta volatilidad de la moneda ha tenido un papel importante al atraer nuevos inversores al mercado.

Comparada con otras monedas, existen pocas barreras para utilizar Bitcoins. Si ya tiene Bitcoins, puede comenzar a negociar casi de inmediato y sin verificación. Además, no es una moneda fiduciaria, así que su precio no está ligado a la economía o política de ningún país.

A diferencia de la bolsa de valores, Bitcoin no tiene tasas de cambio oficiales, sino que ocurren cientos de intercambios alrededor del mundo, 24/7.

Al no haber tasas de cambio oficiales, no existe un precio fijo de la moneda, conocida por los movimientos rápidos y frecuentes en su valor.

Puede realizar sus compras personales con Bitcoin. Desde carros hasta viajes por el mundo, ¡puede comprar casi todo!

En diciembre de 2013, un carro Tesla Modelo S fue adquirido por, presuntamente, 91.4 Bitcoins. El vendedor, de California, sigue aceptando Bitcoins como medio de pago. Desde entonces, logró vender un Lamborghini Gallardo por 216.8 Bitcoins.

¡También puede viajar alrededor del mundo usando Bitcoins! Tan solo vaya a https://www.cheapair.com/. El 22 de noviembre de 2013, el sitio web anunció que sería la primera agencia de viajes que aceptara Bitcoins. Puede comprar vuelos, hoteles, cruceros y alquilar autos. Hasta puede reservar el paquete completo.

Las criptomonedas también le dan la oportunidad de darle a la sociedad. ¿Cómo? A través del crowdfunding. Puede formar parte del éxito de alguien al donar a un proyecto de crowdfunding que utilice criptomonedas.

Compañías como Lighthouse desarrollaron su plataforma de crowdfunding usando Bitcoin.

Las ventajas de donar a través de este sistema incluyen que no le cobrarán por sus donaciones, que sus fondos no serán liberados a menos que el proyecto cumpla ciertos criterios y que podrá retirarse de la campaña antes de que se complete.

¡Tiene control total sobre su donación! La criptomoneda Dogecoin es un ejemplo de campañas de financiamiento exitosas: patrocinó al conductor de NASCAR, Josh Wise.

¿Por qué criptomonedas?

Además de ser sumamente seguras y procesadas por una red descentralizada, las criptomonedas tienen otras propiedades que demuestran por qué son uno de los temas más hablados hoy día. También se les ha considerado como un vehículo de inversión potencial, lo que podría generar ingresos masivos.

¿Ha escuchado de Erik Finman? El millonario adolescente de Bitcoin que empezó con solo $12 por ficha en mayo de 2011, cuando tenía apenas 12 años. Recibió Bitcoins de su hermano y $1,000 de su abuela, como regalo.

Ahora tiene, supuestamente, 403 Bitcoins, de los cuales cada uno corresponde a unos $9,000, llegando a un total acumulado de aproximadamente $3,63 millones.

Otras razones más concretas de por qué debería invertir en criptomonedas serán elaboradas en el capítulo 6, pero déjeme darle un resumen de las ventajas de utilizar criptomonedas.

En primer lugar, sus propiedades transaccionales. Las transacciones son rápidas y globales, se difunden inmediatamente en la red y se confirman en cuestión de minutos. Ya que son administradas por una red global de computadoras, no toman en cuenta su locación física. Puede enviar criptomonedas a alguien que esté en sus cercanías o que viva al otro lado del mundo.

En segundo lugar, sus propiedades monetarias. Las monedas tienen una oferta controlada, así que hay altas probabilidades de que se aprecien con el tiempo. Como se mencionó anteriormente, Bitcoin llegará a su límite alrededor del año 2140.

En tercer lugar, sus propiedades revolucionarias. Usted tiene más control de lo que ocurre en su cuenta y de cómo el sistema funciona. Esto se debe a la red descentralizada de pares que mantiene un consenso en los saldos de las cuentas y las transacciones realizadas, a diferencia de su cuenta bancaria, que puede ser modificada y controlada por personas que no ve, y gobernada por reglas que no conoce.

Capítulo 2: Tipos De Criptomonedas Disponibles

En el capítulo anterior nos adentramos en las bases de las criptomonedas. En éste, exploraremos los diferentes tipos. Al terminar esta sección, usted tendrá una buena de idea en cuál criptomoneda debería invertir.

Hay más de 800 criptomonedas, pero solo discutiremos las 5 más prominentes del mercado. Éstas son:

1. Bitcoin

2. Ethereum

3. Litecoin

4. Monroe

5. Ripple

Bitcoin

Es la primera criptomoneda inventada y sigue siendo la más cotizada hasta la fecha. Bitcoin es conocida como el estándar de las redes de criptomonedas y, como explicamos en el módulo anterior, también es la pionera de la cadena de bloques que hace que el dinero digital sea posible.

Es la primera red P2P descentralizada y alimentada por sus usuarios que no necesita de una autoridad central o intermediario, lo que elimina costos innecesarios en las transacciones digitales.

Desde que esta criptomoneda apareció, su valor ha fluctuado desde $0 hasta más de $9,000 por Bitcoin, hasta el día de hoy, y su volumen de transacción ha alcanzado 200,000 operaciones diarias.

Una de las grandes ventajas que Bitcoin tiene sobre las otras criptomonedas es que es imposible de falsificar o inflar. Esto se debe a que solo hay 21 millones de Bitcoins creados y que se pueden minar, ni más ni menos. Por ello, se predice que para 2140, toda la moneda habrá sido minada.

Gracias a la cadena de bloques, usted tiene el control total sobre su dinero y sus transacciones, sin la necesidad de un tercero, como un banco o PayPal.

Las transacciones de Bitcoin tampoco se pueden revertir, así que solo debería negociar con usuarios confiables porque esta moneda también se usa como herramienta para cibercrímenes, tales como negocios en la Deep Web o ransomwares.

Ethereum

Fue creada por Vitalik Buterin y quedó en el segundo puesto en la jerarquía de las criptomonedas. Esta moneda digital fue lanzada en 2015 y se estima que superará al Bitcoin, y hasta podría ser la criptomoneda del futuro. Ethereum tiene un valor actual de $550 desde su lanzamiento.

¿Es similar a Bitcoin?

Lo es, pero no lo es. Como Bitcoin, Ethereum es parte de una cadena de bloques. La principal diferencia entre ambas monedas es que la cadena de Bitcoin prioriza el rastreo de la posesión del dinero digital, mientras que la de Ethereum prioriza el funcionamiento del código de programación y la red.

En lugar de construir una cadena original para cada nueva aplicación, Ethereum permite el desarrollo de miles de aplicaciones diferentes en una misma plataforma. En la cadena de bloques de Ethereum, los mineros trabajan para obtener Ether. Ésta es la ficha que mantiene a la red funcionando.

Otro rasgo de la Cadena de Ethereum es su habilidad de descentralizar cualquier servicio centralizado. Por ejemplo, Ethereum puede descentralizar servicios como préstamos otorgados por bancos, transacciones en línea a través de PayPal, sistemas de voto y muchos más.

Ethereum también puede utilizarse para construir una Organización Autónoma Descentralizada (DAO, por sus siglas en inglés). Una DAO es una organización completamente autónoma y carente de líder. Funcionan gracias a la programación de códigos en contratos inteligentes, que están integrados a la cadena de Ethereum, y fueron diseñadas para reemplazar la estructura de una organización tradicional y, como Bitcoin, para eliminar la necesidad de un control centralizado.

¿Cuáles son los beneficios más obvios de Ethereum?

En primer lugar, un tercero nunca podrá realizar cambios en los datos. El sistema es a prueba de manipulación y corrupción porque Ethereum fue construido en una red creada en torno a un consenso y, como resultado, censurar información es imposible.

En segundo lugar, al igual que Bitcoin, Ethereum está respaldado por criptografía segura. Por lo tanto, las aplicaciones están bien protegidas de cualquier tipo de hackeo.

Litecoin

Cuando se lanzó esta moneda en 2011, se esperaba que fuese la "plata" al "oro" de Bitcoin. Litecoin, después de ser emitida, registró el mayor límite del mercado de minería de criptomonedas después de Bitcoin.

La principal razón de la creación de Litecoin fue compensar lo que faltaba al Bitcoin. La mayor diferencia entre estas dos monedas es que para crear un bloque de datos en Litecoin, se necesitan 2,5 minutos; en Bitcoin, 10 minutos.

Para los mineros y expertos, Litecoin posee una diferencia determinante de Bitcoin: un algoritmo mejorado que acelera la velocidad de hashing y del sistema en general.

Una de las mayores ventajas de esta moneda es su capacidad de manejar una cantidad mayor de transacciones gracias a este algoritmo. La mayor rapidez de creación de bloques también previene ataques de gasto doble.

Aunque Litecoin fracasó en asegurar y mantener su segundo lugar detrás de Bitcoin, todavía se mina y negocia regularmente, y es adquirida por inversores como un respaldo en caso de que Bitcoin falle. Su valor actual es de unos $150.

Monero

Fue lanzada en 2014 y su meta principal era crear un algoritmo que añadiera ajustes de privacidad que no existen en Bitcoin. Monero inventó un sistema conocido como "firmas de anillo" para ocultar la identidad de sus remitentes y recipientes.

Las firmas de anillo combinan las claves de la cuenta privada del usuario con claves públicas obtenidas de la cadena de bloques de Monero para generar un anillo de firmantes potenciales que no permiten que terceros envíen una firma a un usuario específico.

Aunque los usuarios de Monero pueden mantener sus transacciones privadas, también pueden compartir selectivamente su información. Cada cuenta de Monero tiene una "clave de visualización" que permite, a quien la posea, ver las transacciones de la cuenta.

Inicialmente, el sistema de firmas de anillo ocultaba a los remitentes y recipientes involucrados en las transacciones de Monero, pero no escondía los montos transferidos. Sin embargo, una versión actualizada del sistema de firmas, conocida como "RingCT", permite que tanto los montos como los recipientes de transacciones individuales sean ocultados.

Además de las firmas, Monero también mejoró sus preferencias de privacidad a través de las "Direcciones de Sigilo", direcciones generadas aleatoriamente y de uso único. Éstas son creadas para cada transacción en nombre de los recipientes.

Al proveer un alto nivel de privacidad, Monero permite que cada las unidades de su moneda sean intercambiadas entre ellas. Esto quiere decir que cada moneda tiene el mismo valor.

Como las otras criptomonedas, Monero ofrece minar bloques de datos a quien interese. Los usuarios pueden unirse a una "piscina minera" o minar Monero por sí mismos.

Quien tenga una computadora puede minar Monero, ya que no requiere de ningún equipo específico o determinados circuitos integrados como Bitcoin. Monero utiliza un algoritmo de Prueba De Trabajo (PoW, por sus siglas en inglés), diseñado para aceptar un amplio rango de procesadores y que asegura que todos los usuarios tengan la posibilidad de minar.

El valor de Monero ha fluctuado frecuentemente desde que se lanzó, hasta marzo de 2018, llegando a su precio actual de $210.

Monero fue aceptado por múltiples mercados de la Deep Web y ha generado sus propios aficionados gracias a las preferencias de privacidad que ofrece. Por estas razones, es una moneda menos especulativa que las demás, y los negociadores la compran como una cobertura de otras criptomonedas.

Ripple

Ripple es una tecnología con función doble; es una moneda digital y también una red de pagos digitales para transacciones financieras. Fue lanzada en 2012 y cofundada por Chris Larsen y Jed McCaleb. La criptomoneda que circula en Ripple es denominada XRP.

A diferencia de las otras monedas, Ripple opera en una plataforma P2P de fuente abierta y descentralizada que permite transferencias de cualquier tipo de dinero, tanto fiduciario como en criptomonedas.

Ripple emplea un intermediario en sus transacciones. El medio (intermediario), conocido como "Gateway", actúa como un enlace en la red entre dos partes dispuestas a realizar una transacción.

Gateway funciona como un intermediario de crédito que recibe y envía monedas a direcciones públicas a través de la red de Ripple. Es por esto que Ripple no es tan popular como las otras monedas digitales, con un valor de tan solo $0.65 hasta la fecha.

La moneda digital de Ripple, XRP, actúa como un puente hacia otras monedas que incluyen fiduciarias y criptomonedas. En la red de Ripple, cualquier moneda puede intercambiarse por otra.

Si el usuario X quiere Bitcoins como forma de pago por sus servicios por parte de Y, Y no tiene que poseer Bitcoins para pagarle. Puede pagarle a X a través de la Gateway de X usando dólares norteamericanos o cualquier otra moneda. X recibirá este dinero de su Gateway, que lo habrá convertido a Bitcoins.

La misma naturaleza de la red de Ripple y su sistema expone a sus usuarios a ciertos riesgos. Aunque se puede intercambiar cualquier moneda, la red de Ripple no funciona con un sistema de Prueba de Trabajo como Bitcoin. En su lugar, las transacciones dependen considerablemente de un protocolo de consensos para validar los saldos de las cuentas y las transacciones hechas en el sistema.

Pero Ripple mejora ciertas características de los bancos tradicionales. Las transacciones se completan en cuestión de segundos en la red, aunque el sistema se esté encargando de millones de transacciones constantemente, a diferencia de un banco en el que una transferencia puede tardar días o semanas en realizarse.

Capítulo 3: Cómo Abrir Una Cuenta Para Invertir

Para comenzar a invertir en criptomonedas, lo primero que debe hacer es tener su cartera digital. En el reino de las criptomonedas, el término usado es "cartera". Ésta puede ser asociada a una cuenta bancaria y almacenada en diferentes dispositivos.

Una cartera de criptomonedas es un software que permite almacenar claves privadas y públicas, y que interactúa con varias cadenas de bloques. El usuario puede, a través de su cartera, enviar y recibir criptomonedas, y rastrear sus saldos.

Existen varias carteras de las que puede elegir, decisión que depende de sus necesidades de seguridad y de si quiere ser un comerciante activo o un inversor pasivo, de compra y retención.

Una vez que haya creado su cartera digital, puede empezar a comprar e intercambiar la criptomoneda de su preferencia en varias plataformas.

Exploremos las 5 mejores carteras que puede elegir para retener sus fondos digitales:

1. Breadwallet.com

2. Blockchain.info

3. MyEtherWallet

4. Jaxx Wallet

1. Tremor

Breadwallet.com

Por ahora, Breadwallet solo almacena Bitcoin en sus carteras digitales. Este servicio es ideal para quienes están comenzando con Bitcoin ya que es muy fácil de usar, y más importante, es gratis.

Todo lo que tiene que hacer es descargar Breadwallet, elegir un código de acceso y estará listo para recibir sus fondos. No hay nombres de usuario o contraseñas, ni claves criptográficas complicadas o ajustes que deban configurarse.

Sin embargo, la desventaja de esta cartera es que solo se puede descargar a su dispositivo móvil y no tiene interfaz de escritorio o web. También le hacen falta algunas herramientas y es una cartera caliente, lo que quiere decir que tiene menos seguridad y terceros podrían acceder a sus claves privadas más fácilmente.

Blockchain.info

Esta cartera está diseñada para Bitcoin únicamente y se creó como una app móvil para iOS y Android. También actúa como una cartera web. La característica más distinguida de Blockchain es su canal de pago recién desarrollado para la red de Bitcoin, conocido como "Thunder".

Esta tecnología permite a los usuarios enviar y recibir Bitcoins sin manipular la cadena de bloques principal, lo que da como resultados transacciones seguras y pagos instantáneos.

Blockchain es gratis y, para crear su cuenta, debe ir a la página web principal y registrarse.

MyEtherWallet

Esta cartera fue diseñada para Ethereum. Es fácil de usar y permite al usuario crear una nueva cartera sin tener que descargar la cadena de bloques; simplemente debe usar la aplicación web.

MyEtherWallet no es una cartera web estándar. No tiene que crear una cuenta en su servidor; solo tiene que crear la cartera, que es totalmente suya, y a través de su nodo completo puede difundir sus transacciones en la cadena.

Jaxx Wallet

La mayor ventaja de Jax es que acepta varias de las plataformas de criptomonedas más conocidas, como Bitcoin, Ethereum, Litecoin, Dash y otras. Se puede descargar a su dispositivo móvil o puede usar su versión web.

También tiene una de las mejores interfaces de usuario. Cuando ingrese en el sistema, sabrá cómo navegar sin ayuda ya que Jaxx prioriza la experiencia del usuario.

También tiene ajustes de seguridad y privacidad excelentes. Sus claves privadas son enviadas a su dispositivo local y nunca a otros servidores. Esto significa que solo usted tiene acceso total a sus fondos digitales; Jaxx no los retiene o accede a ellos.

Sin embargo, como su código no es de fuente abierta, a veces el sistema puede cargar bastante lento.

Trezor

Trezor es una cartera física, ideal para almacenar grandes cantidades de Bitcoin. También es conveniente para principiantes y muy fácil de usar, además de tener ajustes de privacidad y seguridad muy buenos. La interfaz web es fácil de usar y el dispositivo viene con una pantalla integrada. Además, emplea un software de fuente abierta.

Ya que es un dispositivo tan seguro y práctico, tiene un costo un poco alto: $99. Es necesario tener este aparato para enviar sus Bitcoins.

Ya discutimos las plataformas en las que puede retener sus criptomonedas. Como mencionamos anteriormente, las carteras pueden almacenarse en distintos dispositivos.

Existen 5 tipos de aparatos en los que puede descargar y guardar sus carteras para retener sus criptomonedas:

1. Computadora

2. La Nube

3. Dispositivos móviles

4. Hardware

1. Papel

Su computadora

Las carteras pueden descargarse a una computadora de escritorio o una laptop, y solo se puede acceder a ellas desde la computadora en la que son descargas

Este método ofrece buena seguridad, pero una desventaja es que solo se puede acceder a la cartera desde la computadora y no desde otro equipo. Otra es que, si la PC es atacada por un virus, éste también podría afectar su cartera, que podría ser hackeada. El virus también podría acceder a sus claves privadas y sus fondos.

La Nube

Las carteras operadas en la Nube son accesibles desde cualquier dispositivo y en cualquier lugar. El acceso a ellas es mucho más conveniente que el de las computadoras. Sin embargo, tenga en cuenta que sus claves privadas son almacenadas en línea y terceros podrían acceder fácilmente a su cartera.

Dispositivos móviles

Puede descargar su cartera a su dispositivo móvil a través de la App Store, Google Play Store y otras plataformas. Tener su cartera en un dispositivo móvil es altamente conveniente ya que puede acceder a ella desde cualquier lugar.

Muchos de ellos son altamente seguros ya que tienen múltiples accesos de firmas y capacidad de respaldo en caso de que pierda su teléfono. Así, no se arriesga a perder sus fondos ya que el respaldo guarda su clave privada para desbloquear su cartera.

Hardware

Una cartera de hardware significa guardar sus criptofondos en una memoria USB o un disco duro. Aunque las carteras hardware completen las transacciones vía Internet, son almacenadas fuera de línea, aumentando el nivel de seguridad.

Papel

Las carteras guardadas en papel son, literalmente, impresas en una hoja de papel. Son sumamente sencillas de utilizar ya que las puede llevar a donde quiera y hasta puede guardarlas en algún lugar seguro.

Ya que están impresas, ofrecen un alto nivel de seguridad. Aunque el término de cartera de papel se puede referir a una copia física o impresión de sus claves privadas y públicas, también puede referirse a un software utilizado para generar, de forma segura, un par de claves que posteriormente se imprimen.

Esto nos deja una importante pregunta: ¿dónde debería usted almacenar su cartera, que a su vez guarda sus criptofondos?

Esto depende de qué quiera usted: ser un usuario de criptomonedas activo o pasivo. Para determinar qué tipo de usuario es, debe responder a las siguientes preguntas:

1. ¿Necesita una cartera para sus compras diarios, o solo para comprar y retener su dinero digital?

2. ¿Planea usar varias monedas o solo una?

3. ¿Requiere acceso a su cartera digital donde sea que esté, aun cuando esté en constante movimiento o desde casa?

Por ejemplo, si usted es el tipo de usuario que constantemente gasta sus fondos en necesidades cotidianas, tal vez quiera guardar su cartera en su dispositivo móvil o en la Nube. Sin embargo, si planea adquirir y retener su dinero para inversiones futuras, es mejor que guarde su cartera en hardware (USB o discos duros) o papel.

Cuando haya elegido la mejor plataforma para guardar su dinero, ¡puede dirigirse a los sitios de cambio de dinero digital para adquirir sus criptomonedas y comenzar a invertir!

Cambio de criptomonedas para inversiones

En primer lugar, familiaricémonos con los sitios de intercambios de criptomonedas; son sitios web que le permitirán comprar, vender e intercambiar dinero digital por otras monedas digitales, o incluso fiduciarias como el dólar norteamericano o el euro.

Si conoce el juego de las criptoinversiones y está acostumbrado a negociar profesionalmente, es muy probable que necesite una plataforma de intercambio que le solicite crear una cuenta y confirmar su identidad.

Por otro lado, si es relativamente nuevo al reino del dinero digital, le recomendamos comenzar con plataformas que no requieran la creación de cuentas. Éstas suelen ir directo al grano y puede comerciar ocasionalmente hasta que gane experiencia.

Existen 3 maneras de intercambiar dinero digital:

1. **Plataformas de comercio**

    Estos son sitios web que conectan a compradores y vendedores, y que cobran comisiones por cada transacción realizada.

2. **Comercio directo**

    Estas plataformas ofrecen intercambios cara a cara. Podría negociar con personas de otros países y en monedas distintas. El comercio directo no se adhiere obligatoriamente al precio del mercado, ya que los negociadores pueden establecer tu propia tasa de cambio.

3. **Corredores**

    Son sitios web que cualquiera puede visitar para comprar criptomonedas. Sin embargo, el precio lo fija un corredor. Los corredores de criptomonedas son parecidos a los agentes de cambio de divisas.

Antes de hacer su primer negocio, es importante que tome nota de las siguientes 5 claves que servirán para minimizar el riesgo y maximizar los ingresos de sus inversiones:

1. **Reputación**

    Antes de que empiece a negociar en su sitio web de preferencia, asegúrese de haber reunido suficiente información sobre el mismo y su reputación, a través de reseñas de comerciantes profesionales y de otros sitios reconocidos del campo. También puede unirse a foros que discutan sobre las criptomonedas, como Bitcoin Talk o Reddit.

2. **Tasas**

    La mayoría de las páginas web tendrán información sobre sus tasas de transacciones. Antes de unirse a cualquier sitio, asegúrese de entender su jerga; tasas de depósitos, transacciones y retiros. Éstas podrán variar según el tipo de intercambio que haya elegido.

3. **Métodos de pago**

   Tome nota de los métodos de pago disponibles en el sitio web. ¿Acepta tarjetas de crédito y débito? ¿Transferencias bancarias? ¿PayPal? Si tiene métodos limitados, tal vez no sea conveniente para usted. Siempre recuerde que adquirir dinero con tarjeta de crédito requerirá una verificación de identidad y vendrá con un precio premium para aumentar las medidas de seguridad. Por otro lado, obtener su criptodinero vía transferencia tomará más tiempo ya que los bancos tardan más en procesar la transacción.

4. **Requisitos de verificación**

   La mayoría de las plataformas de intercambio de Bitcoin, en Estados Unidos y el Reino Unido, requiere una verificación de identidad para hacer depósitos o retiros. Algunos sitios de intercambio también le permitirán mantenerse en el anonimato. Tome en cuenta que estas verificaciones pueden tomar días pero protegen a los sitios de cambio de lavado de dinero.

5. **Tipo de cambio**

No se sorprenda de que diferentes sitios ofrezcan diferentes tipos de cambio. Por esta razón, recuerde siempre investigar varios y no conformarse con uno en particular. Esto hará una gran diferencia en sus inversiones ya que el valor de las criptomonedas fluctúa en hasta un 10%, y más en ciertas ocasiones.

El criptodinero está ganando más atención alrededor del mundo y eso generó una amplia variedad de sitios de intercambio para elegir, pero no todas las plataformas son iguales. Solo mencionaremos los 5 sitios de cambio más visitados, sin un orden particular:

1. Coinbase
2. Kraken
3. Cex.io
4. ShapeShift
1. Poloniex

Coinbase

Éste es uno de los sitios más populares hasta la fecha. Es utilizado por millones de inversores confiables alrededor del mundo. Es fácil de usar y le permite comprar, usar, almacenar e intercambiar su dinero digital de forma segura.

Acepta monedas como Bitcoin, Ethereum y, recientemente, Litecoin. También tiene una cartera digital que está disponible en iOS y Android.

Sin embargo, la selección de monedas intercambiables depende del país en el que viva. Actualmente, Coinbase solo permite transacciones en Estados Unidos, Europa, el Reino Unido, Canadá, Australia y Singapur. El método de pago también es bastante limitado y restringido a transferencias, tarjetas de crédito y débito, y PayPal.

Para comenzar, todo lo que tiene que hacer es crear una cuenta.

Kraken

Éste es el sitio de cambio de Bitcoin con el mayor volumen y liquidez en euros, y es el primer socio del banco de criptomonedas. Kraken ofrece el intercambio de Bitcoins por euros, dólares estadounidenses y canadienses, libras esterlinas y yenes japoneses.

También permite intercambiar monedas digitales como Ethereum, Monero, Ethereum Classic, fichas de Augur REP, Litecoin, ICONOMI, Zcash y muchas otras.

Kraken está dirigido, asimismo, a usuarios experimentados, y ofrece operaciones con margen y otras características avanzadas. Con respecto a costos, Kraken tiene tipos de cambios decentes, tasas de transacción bajas y tasas de depósito mínimas.

Sin embargo, al igual que Coinbase, los métodos de pago son muy limitados. Kraken se adapta mejor a comerciantes avanzados e inversores, y puede ser un poco complicado para principiantes ya que su interfaz de usuario es poco intuitiva.

Para abrir una cuenta básica y empezar a comerciar, debe registrar sus datos personales en la página principal. Puede crear una cuenta más avanzada, pero ésta requiere una identificación emitida por su gobierno y una constancia de residencia.

Cex.io

Esta plataforma permite a sus usuarios intercambiar fácilmente dinero fiduciario por criptomonedas y viceversa. Para comerciantes que busquen intercambiar Bitcoins profesionalmente, el sitio ofrece dashboards personalizables y fáciles de usar para negociar, y operaciones con margen.

CEX también ofrece un servicio de corretaje que da a comerciantes inexpertos una forma simple de comprar Bitcoins a la tasa del mercado. CEX es un producto móvil muy práctico, aceptado a nivel mundial y con una tasa de cambio más que decente. Sin embargo, depositar dinero en su cuenta es bastante costoso.

Para comenzar a utilizar CEX, debe dirigirse a su página principal y registrarse para obtener su cuenta.

ShapeShift

ShapeShift está diseñado para usuarios que quieren ir directo al grano y realizar sus transacciones rápidamente sin tener que registrarse para tener una cuenta o depender de la plataforma para retener sus fondos.

Acepta el intercambio de múltiples criptomonedas, incluyendo Bitcoin, Ethereum, Monero, Zcash y muchas más. Sin embargo, no permite intercambio de dinero fiduciario con criptodinero y los métodos de pago son muy limitados: los usuarios no pueden adquirir su dinero digital con tarjetas de crédito o débito, o cualquier otro tipo de pago; sólo se paga con criptomonedas.

Poloniex

Esta plataforma ofrece un entorno de comercio seguro con más de 100 tipos de emparejamiento de Bitcoin con otras criptomonedas y características avanzadas para inversores profesionales.

Poloniex tiene un esquema de tasas para todos sus usuarios, y estas varían según el papel del comerciante: si es un "maker" o un "taker". Los primeros agregan órdenes a la oferta general de la red y los segundos, las completan.

Para los makers, las tasas van desde 0 hasta 0.15%, dependiendo del monto comerciado. Para los takers, van desde 0.10 hasta 0.25%. La fluctuación de las tasas se debe a que el modelo maker-taker incentiva la liquidez del mercado al recompensar a los makers de la liquidez en cuestión con un descuento en sus tasas.

Para empezar con Poloniex, debe registrarse en su página web principal.

Llegamos al final del capítulo. Para comenzar a invertir, debe poseer primero una cartera digital. Después, investigue varias plataformas de intercambio hasta que encuentre una que se adapte a sus preferencias. Antes de comenzar a invertir debe reconocer si usted es un usuario pasivo o activo de criptodinero; ¿se quedará por un rato, o negociará a largo plazo?

Capítulo 4: Estrategias De Inversión

En estemos capítulo hablaremos sobre las estrategias que debe adoptar para asegurar una inversión exitosa con su criptodinero y para construir su portafolio.

Invertir en criptomonedas viene con sus propios riesgos y recompensas. Por lo tanto, debe invertir estratégicamente para maximizar sus ingresos y minimizar sus riesgos.

Existen 5 estrategias que podrían serle útiles, especialmente si es relativamente nuevo en el reino del criptodinero:

1. Entender el concepto general de criptodinero

2. Espiar al mercado

3. Invertir en más de una criptomoneda

4. Comenzar con poco y aumente progresivamente

5. Redistribuir sus inversiones

Concepto general de criptodinero

Siempre tome en cuenta que uno no invierte en algo que no conoce o de lo que duda. No salte ciegamente y siga lo que otros hacen solo porque teme quedar atrás. Por ejemplo, muchas personas ven que sus pares invierten en propiedades y los imitan con la esperanza de generar millones sin siquiera investigar previamente.

Por esta razón, lo primero que debe hacer es estudiar el espacio. Tómese el tiempo de entender el reino del criptodinero y no acelere el proceso. Podría tardar semanas o meses en digerir toda la información, pero este paso es imperativo para que pueda estar en perfecta forma y ser un experto del tema. Así, las probabilidades de que desperdicie sus recursos son muy bajas, ya que estará familiarizado con la industria del dinero digital.

Espiar al mercado

¿Qué significa espiar al mercado? Significa observar qué está funcionando y qué no en el mercado del criptodinero en un momento determinado. Lo que quiere buscar, específicamente, es:

- ¿Cuál es la moneda más solicitada?

- ¿Cuál es su valor?

- ¿Cuál moneda tiene el mayor límite en el mercado?

- ¿Debería comprar y retener el dinero para futuras inversiones?

Siempre recuerde que el mercado de dinero digital es volátil y los valores fluctúan de vez en cuando. Estos tienden a depender mucho de factores como los especuladores, la demanda y oferta del mercado, y las diferentes instituciones que manipulan los precios.

Nuestro consejo para usted es que investigue varias criptomonedas y no se conforme con una sola, solo porque tenga el mayor valor o sea la más popular en un momento determinado.

Por ejemplo, la moneda más buscada actualmente es Bitcoin, pero muchos comerciantes e inversores profesional predicen que Ethereum podría superar a Bitcoin y convertirse en la moneda del futuro en los próximos años. Por esto, siempre espíe al mercado y analice la información.

Invertir en más de una criptomoneda

No es inteligente invertir todo su dinero en una sola moneda digital. Un portafolio bien diversificado minimiza sus riesgos ya que, si pierde dinero con una moneda, puede ganar con las demás.

Digamos que decide invertir en solo una moneda: Litecoin, por ejemplo. ¿Qué ocurre si la moneda colapsa? Perderá todo el dinero que invirtió en un abrir y cerrar de ojos, y sin respaldos.

Por lo tanto, siempre invierta en 2 o más monedas. Espíe al mercado constantemente y elija las monedas de su preferencia.

Comenzar con poco y aumente progresivamente

Muchos asumen que, al invertir en dinero digital, uno se hace rico instantáneamente, pero éste no siempre es el caso. Uno no se convierte en millonario al decidir invertir en criptodinero; hay una estrategia y una curva de aprendizaje entre usted y el lugar al que quiere llegar.

Siempre recuerde comenzar con poco, especialmente aquellos que tienen poca tolerancia al riesgo. Como mencionamos en capítulos anteriores, los valores de las criptomonedas son muy volátiles porque depende de muchos factores. Los precios cambian todavía más en esta época de dinero digital, en la que cada vez más personas están empezando a comerciar con monedas digitales.

Para los principiantes, la regla de oro es comenzar invirtiendo $500 en sus criptomonedas. ¡No necesita empezar con inversiones de miles de dólares! Ahora que tiene sus $500, ¿cómo dividirá el dinero y qué moneda adquirirá primero?

Primero, recuerde obtener su cartera digital, deposite su dinero fiduciario y compre las dos monedas principales: Bitcoin y Ethereum.

Seleccionamos estas 2 porque son las opciones más seguras y mejor establecidas en comparación a las otras monedas. Son susceptibles a oscilaciones en sus precios, pero no mucho por ahora.

Entonces, divide los $500, e invierte $250 en Bitcoin y $250 en Ethereum. Ésta es una estrategia inteligente, y si existe el riesgo de perder sus fondos, es un riesgo que vale la pena tomar.

Cuando tenga más experiencia, puede aumentar sus inversiones al adquirir su dinero digital en valores más altos.

Redistribuir sus inversiones

Cuando haya completados los pasos desde el 1 hasta el 4 -lo que significa que se familiarizó con el reino del dinero digital-, puede redistribuir sus fondos conforme al mercado.

Cuando haya comenzado a comerciar e invertir, después de un tiempo se dará cuenta de que algunas monedas operan mejor que otras.

Por ejemplo, ha espiado el mercado de Bitcoin y éste subió, mientras que el de Ethereum bajó. Entonces, puede mover sus fondos a la moneda más alta. Puede jugar según lo que esté funcionando mejor en el mercado y movilizar su dinero constantemente.

Cuando tenga experiencia, notará que sus inversiones crecerán eventualmente de $500 a $1000, ¡y posiblemente de $1000 a $100,000! Siempre recuerde investigar la criptomoneda y conocer lo más que pueda sobre ella, ya que siempre hay cosas nuevas que aprender en el mercado. ¡Invierta estratégicamente y hágalo solamente en lo que conozca!

Capítulo 5: Cómo Recolectar Más Bitcoins

En este capítulo discutiremos los medios más efectivos para recolectar más Bitcoins y maximizar nuestras inversiones. Existen 6 métodos para lograrlo y no son aplicables solo para intercambio de criptodinero:

1. Intercambio de dinero digital

2. Faucets o "grifos"

3. Micro tareas

4. Proveer servicios relacionados al Bitcoin

5. Convertirse en un depositario de Bitcoin

6. Marketing de afiliación en Bitcoin

Intercambio de dinero digital

Como mencionamos en capítulos anteriores, existen varias formas de comerciar e intercambiar sus criptomonedas. Puede cambiar Bitcoin por Bitcoin,

Bitcoin con otras criptomonedas y hasta Bitcoin con dinero fiduciario.

Pero lo más importante es que se asegure de armarse con el conocimiento necesario para negociar con Bitcoins, sepa cuáles son los riesgos involucrados y cuánto debe invertir si es principiante.

Una de las formas más comunes de acumular Bitcoin es el "Day Trading", la compra y venta de Bitcoins en un mismo día, basada en fluctuaciones pequeñas y de corto plazo.

Cuando espíe al mercado y note que el valor de Bitcoin esté subiendo, será el momento perfecto para adquirir algunos Bitcoins y venderlos justo después de haber obtenido sus ganancias.

Faucets o "grifos"

Estos son sitios web que regalan Bitcoins regularmente. Pueden hacerlo cada minuto, cada 10 minutos, cada hora o semanalmente.

Todo lo que debe hacer es registrarse en el sitio en cuestión con su dirección de Bitcoin y, a veces, su correo electrónico. Si es seleccionado, recibirá los Bitcoins.

Sin embargo, una desventaja de este método es que la cantidad de dinero regalada no es mucha, y a veces lo más que recibirá es 0.00288BTC, que equivale a $1.31. Pero, de cualquier forma, ¿quién más le daría Bitcoins gratis? Y considerando lo volátil que es el mercado del criptodinero, ¡vale la pena intentarlo!

Algunos grifos populares que puede probar para recibir Bitcoins gratis son:

- Bitcoin Zebra
- Moon Bitcoin
- Weekend Bitcoin
- Milli

Micro tareas

Estas micro tareas son ofrecidas en sitios web que pagan Bitcoins a sus usuarios por realizar encuestas, ver vídeos y registrarse para otros servicios. ¡Puede registrarse sin costo alguno y todas las tareas las puede hacer a su ritmo! Un ejemplo de estos sitios es Coinworker

Proveer servicios relacionados al Bitcoin

No muchos saben que les pueden pagar en Bitcoin en vez de dinero fiduciario al ofrecer servicios Bitcoin. Si quiere saber qué servicios podría ofrecer, visite Coinality, un sitio web que muestra listas actualizadas de empleos en Bitcoin publicados en línea.

También puede visitar BitcoinTalk, un foro que discute una amplia gama de temas relacionados al criptodinero, incluyendo categorías de servicios en las que los usuarios buscan proveedores de servicios Bitcoin.

Los siguientes son algunos ejemplos de servicios que busca la gente:

☐ Desarrollador de Cadenas de Bloques

- Administrador de sitios web

- Diseñador gráfico

- Experto en minería de criptomonedas

- Vendedores en línea

- Escritores para blogs y sitios de noticias sobre criptodinero

Convertirse en un depositario de Bitcoin

Un depositario se encarga del fideicomiso de las transacciones de Bitcoin. Este puesto está volviéndose cada vez más común ya que el fideicomiso protege a los usuarios de compradores fraudulentos al exigir que los Bitcoins sean depositados por adelantado.

Usualmente, las transacciones de Bitcoin son intercambios anónimos que involucran a partes no confiables. En caso de que los vendedores resulten ser estafadores, el depositario actuará como árbitro y determinará quién se quedará con las Bitcoins.

Muchos mercados de Bitcoin ofrece servicio de depositarios, como LocalBitcoins, CrypThrift, y BitPremier.

Para ser un depositario, debe incrementar su reputación como un usuario confiable de la comunidad.

Marketing de afiliación en Bitcoin

Para aquellos que no estén familiarizados con los mercados de afiliación, la idea es que un afiliado promociona el producto de un negocio y, con base en las ventas que atrae el promotor, se le paga un porcentaje de los ingresos.

Pongamos un ejemplo. Usted decide promocionar a Trezor, la cartera digital de criptodinero. Si alguien decide comprarle a Trezor y ese alguien vino de su sitio, entonces usted gana una comisión.

La mejor parte es que las comisiones las obtiene en Bitcoins; afiliados que trabajan con Bitcoins han reportado que se les pagan sumas considerables en este modelo de negocios.

Ya enumeramos algunos métodos para obtener Bitcoins. Siempre recuerde que, sin importar qué modelo elija utilizar, no existe el dinero fácil. Si obtener Bitcoins fuese fácil, todo el mundo lo habría hecho a estas alturas.

En cada uno de los métodos mencionadas, tendrá que invertir su tiempo o su dinero. No hay un camino fácil. Pruebe lo que funcione para usted y sea paciente esperando los resultados.

Capítulo 6: ¿Por Qué Comprar Criptomonedas?

Es hora de conozca las ventajas del dinero digital. Como activo virtual, utilizado en línea, las criptomonedas tiene múltiples beneficios atractivos.

Esto se debe en parte a la cadena de bloques mencionada anteriormente. Es un proceso estrictamente monitoreado con transacciones y control encriptados, convirtiendo al dinero digital en algo para el futuro.

En este capítulo, cubriremos los 4 beneficios principales de las criptomonedas.

La ventaja más conocida de este tipo de inversión es su "No Implicación de Terceros".

Siempre existe un patrón al utilizar dinero tradicional para comprar nuevas propiedades, establecer un nuevo negocio o comprar un carro nuevo: de una forma u otra, el proceso requiere de la participación de un tercero. Hablamos de abogados, propietarios y otros factores externos como retrasos, documentación y tasas adicionales. Estos consumen tiempo, dinero y energía innecesariamente, hasta el punto de que uno quiere rendirse.

Un buen ejemplo de esto sería querer comprar una casa. Usted debe pagarle al asesor financiero quien, en general, le aconseja sobre su estado económico para asegurar que tenga ingresos estables.

Algunas propiedades requieren que pague una tasa de reservación para "asegurar" su vivienda de preferencia y otros agregados. En otras palabras, existe mucha presencia de terceros que representan gastos incluso antes de que tenga su nuevo hogar.

Éste no es el caso con el criptodinero. Como mencionamos antes, la Cadena de bloques es similar a una base de datos de usuarios autónomos.

Esto significa que los contratos pueden ser diseñados para remover cualquier participación de los terceros que nombramos. Además, pueden personalizarse para que completen ciertas transacciones, en ciertas fechas, y por tan solo una fracción de cualquier gasto.

Sí, puede eliminar cualquier opción que implique a un tercero. De hecho, ni siquiera necesita estas opciones.

En pocas palabras, tiene el control total de su dinero digital. Esto es lo que se denomina un sistema "descentralizado", ya que no existe un "Gobierno central o federal" que lo regule por usted.

Sus transacciones son virtualmente inmunes a cualquier influencia y manipulación de su gobierno, así que puede pagar y recibir dinero desde cualquier parte del mundo y a cualquier hora.

Las transacciones tienen tasas de procesamiento mínimas y esto impide que los usuarios deban pagar costos adicionales a bancos o instituciones financieras.

Otra ventaja es que los riesgos inherentes son mucho menores que los del dinero tradicional. En estos tiempos, la gente rara vez lleva efectivo con ellos. En su lugar, tienen una colección de tarjetas de crédito, débito y otros tipos como método de pago en sus países.

No hay nada de malo en esto, a menos que la conexión de una tienda con sus servidores no esté funcionando o su punto de venta esté fuera de servicio. En estos casos, si no tiene efectivo, solo retrasará la fila.

El asunto con estas tarjetas es que con cualquier compra que haga, estará dando al recipiente acceso total a su línea de crédito. No importa cuán pequeño sea el monto de la transacción; darle su tarjeta a alguien más -y con ella, acceso a su cuenta- ya es una forma de "infracción".

Cabe destacar que la mayor parte de estas "infracciones", hoy en día, es considerada segura gracias al uso de medidas de seguridad como las tarjetas "PIN enabled" o el método payWave.

Entonces, la tienda inicia el pago al "sacar" el monto designado de su cuenta utilizando la información provista por su tarjeta.

El criptodinero no funciona de esta forma. En lugar de "sacar" los montos, "empuja" la cantidad necesaria de dinero que se pagará o recibirá de otro propietario de criptomonedas sin que haga falta más información.

Los pagos se pueden realizar sin que su información personal esté ligada a la transacción. Su cuenta puede estar respaldada y encriptada para garantizar la seguridad de su dinero.

El hecho de permitir que los usuarios tengan el control de sus transacciones, ayuda a Bitcoin, Ethereum y otras criptomonedas mantenerse seguras en la red.

Otro beneficio del criptodinero es su resistencia al fraude. Solemos escuchar casos en los que la tarjeta de pago de alguien está siendo utilizada por terceros. Cuando el propietario contacta al emisor de la tarjeta, descubre que la tarjeta ha sido usada en transacciones sin su autorización. Esto es un caso de fraude.

Usualmente, quienes cometen fraude se salen con la suya porque no es sencillo rastrear las infracciones y llegar al culpable. Más difícil todavía es llamar la atención de las autoridades y convencerlas de que comiencen una investigación con tan solo un crimen conocido del delincuente.

Sin embargo, estos casos no son viables con el criptodinero. Ya que su información personal se guarda fuera del alcance de ojos curiosos, está protegida contra el robo de identidad.

Recuerde, el criptodinero es una forma de dinero digital, creado con códigos. Las criptomonedas individuales son digitales y no pueden ser falsificadas por quienes las envían.

Ya que las transacciones no pueden revertirse, no llevan consigo ningún tipo de información personal. Esto garantizar seguridad y los comerciantes están protegidos de cualquier pérdida potencial que pueda ocurrir en caso de fraude.

Es muy difícil engañar a alguien utilizando criptomonedas debido al sistema descentralizado y la cadena de bloques en la que existen. No pueden ser manipuladas por ningún particular u organización ya que son criptográficamente seguras.

Una última ventaja es su universalidad.

En la historia del comercio, cada nación del mundo ha implementado sus propios métodos de pago. Tenemos sistemas de intercambio de dinero por bienes y hasta sistemas de trueque. No fue sino hasta que los comerciantes visitaron otros países que se descubrió cómo intercambiar cosas entre naciones.

Gracias a varias innovaciones y descubrimientos, hoy en día tenemos múltiples métodos de comercio e intercambio de dinero a nivel global.

Incluso con estas mejoras, todavía tenemos problemas al hacer negocios con el otro lado del mundo. Siempre hay problemas con las monedas, autorizaciones bancarias, métodos de pago no aceptados y otros obstáculos para propietarios de negocios o viajeros.

El hecho es que no todos los países tienen procesos financieros similares. Su tarjeta o moneda pueden no ser aceptadas en otros países, y esto es una gran desventaja para su cuenta.

Por ejemplo, casi todos los bancos, pago o sistema de efectivo en línea exigen el pago de costos adicionales por sus servicios incluso si la cuenta utilizada es la suya.

Sin embargo, el criptodinero no está restringido por los tipos de cambio, cargos de transacciones, o tasas de interés o otro tipo que se aplican en cualquier país.

Pueden emplearse en cualquier momento, en cualquier estándar internacional y sin ningún problema. También ahorra mucho de su tiempo y dinero al reducir los gastos adicionales por transferir dinero de múltiples países a otro.

Esto quiere decir que el criptodinero opera en una plataforma internacional que, a su vez, hace las transacciones más fáciles que la transferencia telegráfica promedio.

En resumen, existen 4 ventajas principales del criptodinero: "No Hay Implicación de Terceros", "Menos Riesgo en comparación a Monedas Tradicionales", "Protección contra Fraude" y "Universalidad".

A pesar de las increíbles ventajas de las criptomonedas, también existen algunas desventajas. Las descubriremos en el siguiente capítulo.

Capítulo 7: ¿Existen desventajas?

Ahora podremos explorar algunos de los inconvenientes del criptodinero.

Anteriormente mencionadas cómo las criptomonedas son un tipo de dinero digital sin igual, considerando que hoy en día pocos pagos se realizan sin la participación de terceros, tienen riesgos bajos, pocos casos de fraude o tienen un uso universal.

Sin embargo, la misma naturaleza "en línea" de las criptomonedas trae ciertos defectos con ella. A continuación, presentamos las 4 desventajas principales del criptodinero.

Falta de conocimiento sobre el criptodinero y su sistema.

En la mayoría de los casos, la gente todavía no entiende el mundo del dinero digital y su potencial.

Esto se asemeja a la época en la que se anunciaron las primeras tarjetas de crédito, cuya recepción fue muy parecida a la que obtuvo el criptodinero actualmente. En ese entonces, la gente ni siquiera consideraba que pagar con una simple tarjeta era posible. Hoy en día, esto está pasando con un nuevo tipo de dinero, el digital.

Como es diferente y no involucra dinero en efectivo, la gente huye de él y duda constantemente de su efectividad. Además, necesita de acceso al Internet para funcionar.

La idea de pagar cosas o transferir dinero vía Internet es conveniente para algunos, pero la mayoría todavía está escéptica al respecto.

Para que el criptodinero sea aceptado en nuestra sociedad e introducido en nuestras vidas, la gente necesita educarse al respecto.

Una manera de hacer esto es a través del networking, pero no existen muchos lugares en línea en los que la gente pueda aprender. El trabajo requerido para entender un nuevo mundo de dinero representa mucho tiempo y energía. Muchos consideran que no vale la pena porque ni siquiera es tan popular en primer lugar.

Aunque algunos negocios están aceptando Bitcoins, son muy pocos comparados con los que utilizan dinero tradicional. Esto se debe, probablemente, a la falta de personal educado que entienda cómo funciona el dinero digital. Además, deben ayudar al cliente a educarse al respecto para que sepa cómo realizar transacciones fluidas.

Esto, de nuevo, tardará más en ser aprendido por otros.

Otra desventaja del criptodinero es la ausencia de protección y garantía.

En el caso del dinero tradicional, existe un banco central que tiene la autoridad sobre el dinero de cada país. Ninguna otra autoridad puede decidir que no quiere seguir utilizando la moneda nacional para negociar sin recibir protestas y rechazo.

Hay procedimientos que seguir, documentos que archivar, aprobaciones y muchos otros protocolos que seguir.

Sin embargo, éste no es el caso con el dinero digital. No hay banco central que gobierne a Bitcoin, lo que significa que nadie puede garantizar su valoración mínima.

El valor de Bitcoin, por ejemplo, caería en picada si un grupo mayoritario de comerciantes decidiera "descartar" sus Bitcoins y abandonar el sistema. Esto, inevitablemente, haría caer a otros usuarios que han invertido miles de dólares en Bitcoins en ruinas. No hay nadie a quien contactar para recuperar estas pérdidas o normas que puedan ayudar a compensarlas.

Por esta razón, el sistema descentralizado de las criptomonedas es lo que se llama una espada de doble filo.

La siguiente desventaja son sus defectos técnicos.

Desde que la banca en línea llegó a nuestras vidas, siempre ha existido el riesgo de una caída de servidores repentina, apagones de luz o retrasos ocasionados por hardware.

Si alguna de estas situaciones ocurre y le cobraron el pago, pero no recibió las entradas para el cine o los pasajes del avión, siempre puede llamar al banco o ir en persona para explicar su situación.

En la mayoría de los casos, usted podrá mostrar evidencia de su pago y le harán el reembolso correspondiente.

Así no funciona con el criptodinero. El primer lugar, estas monedas no tienen un banco que le pueda ayudar o con el que pueda negociar. No existe un número fijo al que pueda llamar para pedir asistencia.

Así que, si compró sus bienes con Bitcoins, por ejemplo, y el vendedor no le envió lo que pagó, no hay nada que pueda hacer para revertir la transacción o tener un reembolso. No puede llevar el caso a la policía o a cualquier autoridad, de hecho.

De manera similar a una corrupción de datos o infecciones de virus, si su disco duro deja de funcionar y su cartera digital se corrompe, su Bitcoins se pierden para siempre. No hay manera de recuperarlos y esas monedas quedarán "huérfanas" en el sistema.

La última gran desventaja del criptodinero es que todavía está creciendo. Cuando las cosas están creciendo, todavía son vulnerables. Existen muchas funciones incompletas que pueden mejorarse, pero toma mucho tiempo finalizarlas, especialmente si no tienen forma física.

Con el dinero tradicional, aunque los pagos se hagan vía Internet hoy en día y aunque no veamos el dinero físicamente al hacer una transacción, si vas a un cajero automático, puedes tener el dinero en tus manos.

Puedes usarlo para comprar cosas en persona y en línea. Esto demuestra lo desarrollado que está el dinero tradicional.

Ya que las criptomonedas no tienen forma física, su uso está muy reducido. Siempre debe ser convertido en dinero tradicional para gozar de su valor. Según estudios, existe una propuesta de almacenar la información de las carteras digitales de Bitcoin en tarjetas de pago. Sin embargo, no se ha llegado a un consenso (o elaborado la propuesta).

Seguramente, esto se debe a que los comerciantes considerarían que aceptar todas las tarjetas de criptodinero sería algo inviable. No existe un sistema de pago inmediato con tarjetas, así que los usuarios tendrían que convertir el dinero digital en dinero físico de todas formas.

Éstas son las 4 desventajas principales de las criptomonedas. Existe poco conocimiento sobre este tipo de dinero; la protección y garantía de su uso es mínima; ya que funciona vía Internet, es susceptible a muchas fallas técnicas; y todavía está en desarrollo.

El mundo del dinero digital es relativamente nuevo para algunos y puede ser difícil de comprender. Ya que nadie sabe qué monedas serán o pueden ser adoptadas y a qué escala.

Así que, en el siguiente capítulo hablaremos sobre el futuro del criptodinero.

Capítulo 8: El Futuro De Las Criptomonedas

Finalmente hablaremos sobre el futuro del criptodinero.

Se dice que esta moneda virtual podrá capturar el mundo de las finanzas en línea. Con la cadena de bloques detrás de ellas, el futuro de las criptomonedas parece ser prometedor.

A partir de 2017, las monedas alternativas no podrán perder de vista a sus precios. Estudios han mostrado que el valor de Bitcoin sufrió una caída y otra moneda, Ether, alcanzó su punto más alto.

Aunque el mecanismo detrás del Ether impide que se utilizado como un método de pago directo, este sistema de criptodinero parece tener un futuro más brillante. Todo gracias a conceptos inteligentes de contratos.

Por otro lado, las criptomonedas que se preocupan más por la privacidad del usuario también están ganando territorio.

Bitcoin, a pesar de sus medidas de seguridad, continúa teniendo fallas que pueden explotarse para acceder a la información de sus usuarios, aunque esto no detiene a que se siga invirtiendo en la moneda. Hasta el día de hoy, Bitcoin sigue siendo aceptada como método de pago.

Este nivel de aceptación está sacando a esta moneda alternativa a la superficie. Algunas compañías están considerando seriamente invertir en ella, impulsando su viaje al mundo de las finanzas.

¿Veremos una nueva economía de criptodinero algún día? Investigadores concluyen que todavía es muy pronto para decir que así será, pero algo es seguro, y es que este dinero está creciendo cada vez más.

El grupo objetivo principal de este movimiento económico serían los individuos con conocimientos tecnológicos, y ya casi todos somos parte de este grupo. Más de la mitad de nuestro tiempo es invertido en línea y dentro de poco será todo nuestro tiempo.

Algún día podríamos considerar usar criptodinero como nuestra moneda estándar para realizar transacciones más universales.

Hasta aquí nuestro análisis introductorio a las criptomonedas. Esperamos que usted se anime a considerarlas en su portafolio de inversiones y se una a la ola del futuro del dinero, ya que esto es solo el comienzo de una revolución digital que desplazara en algún momento el dinero y los sistemas bancarios tal como los conocemos desde hace siglos. Es solo sentido común considerar que si todas las industrias han sufrido la disrupcion digital, por que el sistema bancario no puede ser su próxima víctima. Anticiparse a ello es una movida lógica para capitalizar los cambios que esto traerá en nuestras vidas.

Suerte y éxito!

www.ingramcontent.com/pod-product-compliance
Lightning Source LLC
Chambersburg PA
CBHW070207230526
45471CB00002B/858